INTRODUCTION

écouvrez la magie de la création en ligne avec Wix : l'outil qui vous permet de façonner votre présence sur le web en toute simplicité. Que vous rêviez d'un site web personnel, d'une boutique en ligne florissante ou d'une plateforme pour partager votre passion, Wix vous offre une toile vierge à transformer selon vos désirs. Laissez libre cours à votre créativité grâce à notre interface intuitive "glisser-déposer" et plongez dans l'univers infini des possibilités en ligne. Bienvenue dans le monde de Wix, où votre imagination prend vie pixel par pixel.

CHAPITRE UN

Wix : Plateforme de Création de Sites Web Intuitive

Wix est une plateforme de création de sites web qui révolutionne la manière dont les individus et les entreprises abordent la présence en ligne. Cette plateforme innovante offre une solution complète, permettant à quiconque, même sans connaissances techniques approfondies, de concevoir, personnaliser et gérer son propre site web de manière autonome.

Avec une interface conviviale et orientée vers l'utilisateur, Wix se distingue par son approche "glisser-déposer". Cela signifie que la création d'un site web se fait simplement en choisissant des éléments visuels (images, vidéos, textes, formulaires, etc.) et en les faisant glisser à l'emplacement souhaité sur la page. Cette simplicité d'utilisation en fait un outil de choix pour les novices, tout en offrant des fonctionnalités avancées pour les utilisateurs plus expérimentés.

Wix propose également une vaste sélection de modèles préconçus, adaptés à différents besoins et industries, permettant aux utilisateurs de démarrer leur projet avec un design professionnel déjà en place. Cependant, la personnalisation reste au cœur de l'expérience Wix. Les utilisateurs peuvent ajuster chaque détail du design pour refléter leur identité et leurs objectifs.

Un autre atout de Wix réside dans sa capacité à s'adapter à divers types de sites web. Des blogs personnels aux boutiques en ligne sophistiquées en passant par les portfolios artistiques et les sites d'entreprise, Wix propose des fonctionnalités et des applications spécifiques pour répondre à chaque besoin.

L'écosystème de Wix comprend également une place de marché d'applications et de plugins. Ces extensions permettent d'ajouter des fonctionnalités avancées à votre site, comme des systèmes de réservation, des intégrations de médias sociaux, des outils d'analyse et bien plus encore.

L'Importance Capitale de Créer un Site Web à des Fins Personnelles et Professionnelles

Dans le paysage numérique en constante évolution d'aujourd'hui, la création d'un site web revêt une importance cruciale, que ce soit pour des raisons personnelles ou professionnelles. C'est devenu bien plus qu'une simple vitrine en ligne ; c'est un outil essentiel pour établir une présence significative et atteindre un public mondial. Voici pourquoi la création d'un site web est incontournable :

Visibilité Mondiale :

Un site web permet d'atteindre un public bien au-delà des frontières géographiques. Que vous soyez un particulier souhaitant partager vos passions ou une entreprise cherchant à étendre son marché, un site web vous offre une visibilité à l'échelle mondiale.

Crédibilité et Professionnalisme :

Un site web bien conçu confère instantanément une impression de crédibilité et de professionnalisme. C'est une plateforme où les visiteurs peuvent en apprendre davantage sur vous ou votre entreprise, ce qui renforce la confiance et encourage l'engagement.

Communication Directe :

Un site web permet d'établir une communication directe avec votre public. Vous pouvez partager des informations pertinentes, raconter votre histoire et interagir avec les visiteurs par le biais de commentaires, de formulaires de contact et même de chats en direct.

Contrôle de l'Image :

En créant votre propre site web, vous avez un contrôle total sur l'apparence, le contenu et le ton de votre plateforme en ligne. Cela vous permet de façonner l'image que vous souhaitez projeter.

Marketing et Promotion :

Un site web est une plateforme idéale pour promouvoir vos produits, services, talents ou idées. Vous pouvez intégrer des stratégies de marketing numérique telles que le référencement (SEO) pour attirer davantage de visiteurs organiques.

Accessibilité 24/7 :

Contrairement aux heures de bureau, un site web est accessible 24 heures sur 24, 7 jours sur 7. Cela signifie que les visiteurs peuvent explorer votre contenu, même en dehors des heures de travail habituelles.

Analyses et Suivi :

Les outils d'analyse intégrés aux sites web fournissent des informations précieuses sur le comportement des visiteurs. Cela vous permet de comprendre ce qui fonctionne et d'ajuster votre contenu en conséquence.

Plateforme Créative :

Un site web offre une plateforme pour exprimer votre créativité. Que ce soit à travers la conception visuelle, la rédaction, la photographie ou d'autres formes d'expression, un site web peut devenir une extension numérique de vous-même.

Inscription sur Wix

Si vous envisagez de créer un site web à l'aide de la plateforme conviviale de Wix, voici un guide détaillé pour vous aider à vous inscrire et à démarrer :

Accéder au Site Web de Wix :

Ouvrez votre navigateur et rendez-vous sur le site officiel de Wix en utilisant l'adresse wix.com.

Créer un Compte :

Sur la page d'accueil, recherchez le bouton "Inscription" ou "Commencer". Cliquez dessus pour démarrer le processus d'inscription.

Choisir une Méthode d'Inscription :

Wix propose différentes options pour vous inscrire. Vous pouvez utiliser votre adresse e-mail en fournissant les détails nécessaires, ou vous pouvez vous inscrire plus rapidement en utilisant votre compte Google ou Facebook. Choisissez l'option qui vous convient le mieux.

Remplir les Informations :

Si vous choisissez de vous inscrire avec votre adresse e-mail, vous devrez fournir quelques informations personnelles, telles que votre nom, votre adresse e-mail et un mot de passe sécurisé.

Vérification :

Après avoir fourni vos informations, Wix peut vous

demander de vérifier votre compte par le biais d'un e-mail de confirmation ou d'un code de vérification envoyé à votre adresse e-mail.

Profil Initial :

Une fois que votre compte est vérifié, Wix peut vous demander de compléter un profil initial en fournissant des informations supplémentaires, telles que le type de site que vous envisagez de créer et vos compétences en conception web. Cela peut aider Wix à vous orienter vers les outils et les ressources appropriés.

Exploration de l'Interface :

Après vous être inscrit et avoir complété votre profil initial, vous serez dirigé vers l'interface Wix. Explorez les différentes fonctionnalités et options pour vous familiariser avec la plateforme.

Choix du Modèle :

Lorsque vous serez prêt à créer votre site, vous pouvez choisir un modèle parmi la vaste bibliothèque de designs proposés par Wix. Choisissez un modèle qui correspond à l'esthétique et à la fonctionnalité que vous recherchez pour votre site.

Personnalisation :

Une fois que vous avez choisi un modèle, vous pouvez le personnaliser en utilisant l'éditeur "glisser-déposer" de Wix. Ajoutez du contenu, modifiez les couleurs, ajustez la mise en page et intégrez des fonctionnalités selon vos besoins.

Enregistrement et Publication :

Pendant que vous travaillez sur votre site, n'oubliez pas d'enregistrer vos modifications régulièrement. Une fois que vous êtes satisfait du design et du contenu, cliquez sur le bouton "Publier" pour rendre votre site accessible en ligne.

Explorer le Tableau de Bord avec Wix

Lorsque vous vous inscrivez sur Wix pour créer votre site web, le tableau de bord devient votre quartier général, votre centre de commandes pour tout ce qui concerne votre site. Voici un aperçu complet pour explorer le tableau de bord de Wix :

Connexion :

Une fois connecté à votre compte Wix, vous serez dirigé vers le tableau de bord. C'est la page où vous pouvez gérer tous les aspects de votre site.

Aperçu de Votre Site :

Dans la section d'accueil du tableau de bord, vous verrez un aperçu de votre site en cours de création. Vous pouvez voir à quoi il ressemble sur différents appareils et accéder aux pages de votre site à partir de là.

Éditeur de Site :

Le cœur du tableau de bord est l'éditeur de site. C'est là que vous créez, personnalisez et modifiez le contenu de vos pages. Utilisez l'interface "glisser-déposer" pour ajouter des éléments tels que des textes, des images, des vidéos et des boutons.

Pages :

Dans cette section, vous pouvez voir la liste de toutes les pages de votre site. Vous pouvez ajouter de nouvelles pages, réorganiser l'ordre des pages et même dupliquer des pages existantes pour gagner du temps.

Design :

Cette section vous permet de gérer l'apparence générale de votre site. Vous pouvez modifier les couleurs, les polices, les arrière-plans et plus encore. Si vous souhaitez appliquer des modifications à l'ensemble du site, c'est l'endroit où vous le faites.

Gérer les Médias :

Téléchargez et gérez vos images, vidéos et autres médias dans cette section. Vous pouvez créer des galeries d'images, organiser vos fichiers et les utiliser facilement sur vos pages.

Blog :

Si vous envisagez d'avoir un blog sur votre site, cette section vous permet de gérer vos articles de blog. Vous pouvez écrire de nouveaux articles, les organiser par catégories et ajouter des balises.

Boutique en Ligne (si applicable) :

Si vous créez une boutique en ligne, vous trouverez ici toutes les options de gestion des produits, des commandes, des paiements et des expéditions.

Paramètres :

Cette section regroupe divers paramètres pour votre site. Vous pouvez gérer votre nom de domaine, configurer les paramètres de SEO, activer des commentaires sur votre blog, et bien plus encore.

Aide et Support :

Wix propose une assistance complète à partir du tableau de bord. Vous pouvez accéder à la base de connaissances, aux tutoriels et au support technique en cas de problème.

Aperçu Mobile :

Pour voir comment votre site apparaît sur les appareils mobiles, utilisez l'option d'aperçu mobile pour vous assurer qu'il est optimisé pour tous les utilisateurs.

Choisir un Modèle sur Wix

Lorsque vous vous lancez dans la création d'un site web avec Wix, le choix du bon modèle est une étape essentielle pour créer l'esthétique et la structure de base de votre site. Voici un guide complet pour vous aider à choisir un modèle adapté à vos besoins :

Accès au Catalogue :

Une fois que vous êtes connecté à votre compte Wix et que vous êtes dans le tableau de bord, commencez par sélectionner "Site" dans le menu. Ensuite, cliquez sur "Modèles" pour accéder à la vaste collection de modèles proposés par Wix.

Explorer les Catégories :

Wix propose une variété de catégories pour vous aider à affiner votre recherche. Que ce soit pour un site personnel, un portfolio, une boutique en ligne ou une entreprise, explorez les différentes catégories pour trouver celle qui correspond le mieux à votre projet.

Parcourir les Modèles :

Une fois dans une catégorie, parcourez les différents modèles disponibles. Chaque modèle a un aperçu visuel et une description qui vous donne une idée de son apparence générale et de ses fonctionnalités.

Aperçu en Direct :

Avant de sélectionner un modèle, cliquez sur le bouton "Aperçu" pour voir comment le modèle fonctionne en direct. Cela vous donne une meilleure idée de son apparence et de son fonctionnement réel.

Personnalisation Potentielle :

Gardez à l'esprit que chaque modèle peut être personnalisé à votre goût. Vous pouvez modifier les couleurs, les polices, les images et la mise en page pour le faire correspondre à votre vision.

Critères de Choix :

Lors du choix d'un modèle, considérez vos besoins spécifiques. Si vous avez beaucoup d'images à afficher, choisissez un modèle qui met en avant les galeries d'images. Si vous avez besoin d'un blog, recherchez des modèles qui intègrent un format de blog attrayant.

Compatibilité Mobile :

Assurez-vous que le modèle que vous choisissez est adapté aux appareils mobiles. La plupart des modèles Wix sont responsifs, ce qui signifie qu'ils s'ajustent automatiquement à différents écrans.

Originalité :

Bien que les modèles de base soient un excellent point de départ, n'ayez pas peur de les personnaliser pour créer quelque chose d'unique. Ajoutez vos propres images, textes et éléments pour faire ressortir votre identité.

Enregistrer Votre Choix :

Une fois que vous avez trouvé le modèle qui vous convient le mieux, sélectionnez-le et cliquez sur "Modifier" pour commencer à personnaliser votre site en utilisant l'éditeur Wix.

Aperçu de l'Éditeur Wix

L'éditeur Wix est l'outil puissant qui vous permet de personnaliser chaque détail de votre site web. Que vous soyez débutant ou que vous ayez de l'expérience, voici un guide complet pour comprendre l'aperçu de l'éditeur Wix :

Accès à l'Éditeur :

Une fois que vous avez choisi un modèle et que vous l'avez ouvert pour modification, vous entrez dans l'éditeur Wix. C'est là que la magie opère.

Interface Intuitive :

L'éditeur Wix est conçu avec une interface conviviale et intuitive. À gauche, vous trouverez le volet d'édition et à droite, l'aperçu en direct de votre site.

Éléments "Glisser-Déposer" :

La caractéristique clé de l'éditeur est la fonction "glisser-déposer". Cela signifie que vous pouvez simplement prendre des éléments tels que du texte, des images, des boutons et les faire glisser sur la page pour les positionner.

Gestion des Sections :

Vous pouvez diviser votre page en sections. Chaque section peut avoir son propre arrière-plan, ses couleurs et son contenu. Cela vous donne une flexibilité totale pour structurer votre page comme vous le souhaitez.

Ajout d'Éléments :

L'éditeur Wix propose une grande variété d'éléments que vous pouvez ajouter à votre page, tels que des textes, images, vidéos, formulaires de contact, galeries d'images et bien plus encore.

Personnalisation Avancée :

Vous pouvez personnaliser chaque élément en ajustant les polices, les couleurs, les marges et les tailles. Cela vous permet de maintenir une cohérence visuelle avec votre marque.

Barre d'Outils Supérieure :

En haut de l'éditeur, vous trouverez la barre d'outils avec des options pour aligner, grouper, dupliquer et ajuster les éléments. Vous pouvez également accéder aux paramètres de la page et aux guides d'alignement.

Prévisualisation :

À tout moment, vous pouvez cliquer sur "Prévisualiser" pour voir comment votre site apparaîtra aux visiteurs. Cela vous aide à vérifier que tout est parfaitement disposé.

Sauvegarde Fréquente :

N'oubliez pas de sauvegarder régulièrement votre travail en utilisant le bouton "Sauvegarder" pour éviter toute perte accidentelle de modifications.

Mode Mobile :

L'éditeur Wix vous permet de passer en mode mobile pour ajuster spécifiquement le contenu pour les visiteurs sur les appareils mobiles.

Ajouter des Éléments sur Wix

L'une des caractéristiques les plus puissantes de la plateforme Wix est la possibilité d'ajouter une variété d'éléments à votre site web pour le personnaliser selon vos besoins. Voici un guide complet pour ajouter des éléments à votre site :

Ouvrir l'Éditeur :

Connectez-vous à votre compte Wix et ouvrez le site que vous souhaitez modifier dans l'éditeur. Vous pouvez choisir de modifier une page existante ou d'en ajouter une nouvelle.

Accès aux Éléments :

Dans l'éditeur, cliquez sur le bouton "Ajouter" (ou un symbole similaire, selon la version de Wix). Cela ouvrira un panneau latéral ou une barre d'outils avec une liste d'éléments que vous pouvez ajouter à votre page.

Parcourir les Catégories :

Les éléments sont généralement regroupés en catégories telles que "Texte", "Images", "Formes", "Vidéos", "Applications" et plus encore. Parcourez les catégories pour trouver l'élément que vous souhaitez ajouter.

Glisser-Déposer :

Pour ajouter un élément à votre page, faites glisser l'élément choisi depuis la liste vers la zone de votre choix sur la page. Vous pouvez déplacer l'élément pour le positionner exactement où vous le souhaitez.

Personnalisation :

Une fois que l'élément est ajouté à la page, vous pouvez le personnaliser en utilisant les options disponibles. Par exemple, pour un texte, vous pouvez modifier la police, la couleur, la taille et l'alignement. Pour une image, vous pouvez la remplacer par une de vos propres images.

Ajustements :

Utilisez les poignées de redimensionnement pour ajuster la taille de l'élément. Les guides d'alignement vous aident à aligner vos éléments de manière précise.

Modifier les Paramètres :

La plupart des éléments ont des paramètres spécifiques que vous pouvez ajuster pour obtenir l'apparence et le comportement souhaités. Par exemple, un bouton peut être lié à une autre page de votre site ou à une URL externe.

Ajout d'Applications :

Wix propose également une gamme d'applications que vous pouvez ajouter à votre site pour ajouter des fonctionnalités avancées telles que des formulaires de contact, des galeries d'images, des intégrations de médias sociaux et plus encore.

Prévisualisation :

N'oubliez pas de prévisualiser votre page pour voir comment les éléments que vous avez ajoutés apparaissent sur votre site en temps réel.

Organiser les Éléments sur Wix

Une fois que vous avez ajouté des éléments à votre site web sur la plateforme Wix, l'étape suivante consiste à les organiser de manière à créer une mise en page attrayante et fonctionnelle. Voici un guide complet pour organiser efficacement les éléments sur Wix :

Accès à l'Éditeur :

Connectez-vous à votre compte Wix et ouvrez le site que vous souhaitez modifier dans l'éditeur.

Sélectionner les Éléments :

Cliquez sur l'élément que vous souhaitez déplacer ou organiser. Une fois sélectionné, des poignées de redimensionnement et des icônes d'outils apparaîtront autour de l'élément.

Glisser-Déposer :

Utilisez la fonction de glisser-déposer pour déplacer l'élément. Cliquez dessus et maintenez le clic enfoncé, puis déplacez l'élément vers la nouvelle position souhaitée sur la page.

Guides d'Alignement :

Pendant que vous déplacez l'élément, des guides d'alignement apparaîtront pour vous aider à aligner précisément l'élément par rapport aux autres éléments de la page. Cela vous permet de maintenir une disposition propre et ordonnée.

Organiser les Sections :

Si votre page est divisée en sections, vous pouvez

également déplacer des sections entières pour réorganiser la disposition globale de la page.

Ordre des Calques :

Si vous avez plusieurs éléments superposés, vous pouvez ajuster l'ordre des calques pour déterminer quel élément apparaît devant ou derrière les autres. Cela peut être particulièrement utile pour les images et les éléments graphiques.

Grille :

Wix propose une option de grille qui peut vous aider à aligner les éléments avec précision. Lorsque vous faites glisser un élément, il s'aligne automatiquement avec les autres éléments sur la grille.

Groupement :

Si vous avez plusieurs éléments liés les uns aux autres, vous pouvez les grouper pour les déplacer et les organiser ensemble plus facilement.

Aperçu :

Après avoir réorganisé les éléments, assurez-vous de prévisualiser la page pour voir comment la nouvelle disposition apparaît en temps réel.

Symétrie :

Utilisez les outils de symétrie pour refléter ou dupliquer des éléments, ce qui peut être utile pour créer une symétrie visuelle.

Styliser Votre Site Web sur Wix

La mise en forme et le style de votre site web jouent un rôle crucial dans la création d'une expérience visuelle attrayante et cohérente pour vos visiteurs. Voici un guide complet pour styliser efficacement votre site web sur la plateforme Wix :

Accès à l'Éditeur :

Connectez-vous à votre compte Wix et ouvrez le site que vous souhaitez styliser dans l'éditeur.

Accès à la Section Design :

Dans l'éditeur, recherchez l'option "Design" ou "Style" dans la barre d'outils ou le panneau latéral. C'est là que vous pouvez ajuster les paramètres de style globaux de votre site.

Sélectionner les Éléments à Styliser :

Avant de commencer à styliser, décidez quels éléments spécifiques vous souhaitez personnaliser. Cela peut inclure les polices, les couleurs, les arrière-plans, les boutons, les liens, etc.

Personnalisation des Couleurs :

Dans la section de style, vous pouvez choisir des palettes de couleurs qui correspondent à votre marque ou à l'esthétique que vous recherchez. Assurez-vous que les couleurs que vous choisissez sont cohérentes sur l'ensemble du site.

Personnalisation des Polices :

Sélectionnez des polices qui sont lisibles et cohérentes avec le ton de votre site. Vous pouvez choisir une police pour les titres et une autre pour le corps du texte. N'en utilisez pas trop pour éviter un aspect désordonné.

Arrière-Plans :

Vous pouvez personnaliser les arrière-plans de votre site en choisissant des couleurs ou en utilisant des images. Assurez-vous que les arrière-plans ne rendent pas le texte difficile à lire.

Styles de Boutons :

Si vous avez des boutons sur votre site, comme des boutons d'appel à l'action, stylisez-les pour les faire ressortir. Choisissez des couleurs et des formes qui attirent l'attention.

Images :

Assurez-vous que les images que vous utilisez sont de haute qualité et qu'elles correspondent à l'esthétique globale de votre site. Vous pouvez également appliquer des filtres ou des effets aux images pour les rendre plus cohérentes avec votre style.

Aperçu :

À mesure que vous apportez des modifications de style, n'oubliez pas de prévisualiser votre site pour voir comment les changements affectent l'apparence globale.

Cohérence :

La cohérence est la clé. Assurez-vous que les éléments de style sont uniformes sur toutes les pages de votre site pour créer une expérience utilisateur cohérente.

Pages et Navigation sur Wix

La structuration de vos pages et la navigation fluide sont essentielles pour offrir une expérience utilisateur optimale sur votre site web Wix. Voici un guide complet pour comprendre les pages et la navigation sur la plateforme :

Ajouter de Nouvelles Pages :

Dans l'éditeur Wix, accédez à la section "Pages" pour voir la liste de vos pages actuelles. Vous pouvez ajouter de nouvelles pages en cliquant sur "Ajouter une Page". Choisissez le type de page que vous souhaitez créer, comme

"À Propos", "Services", "Blog" ou "Contact".

Renommer les Pages :

Pour renommer une page, cliquez sur son nom dans la liste des pages. Tapez ensuite le nouveau nom et appuyez sur "Entrée". Assurez-vous que les noms sont clairs et pertinents pour la navigation.

Gérer l'Ordre des Pages :

Vous pouvez réorganiser l'ordre des pages en les faisant glisser dans la liste des pages. Cela affecte l'ordre de navigation sur votre site.

Navigation Principale :

La navigation principale est généralement située dans l'entête ou le menu de votre site. Utilisez la fonction de glisser-déposer pour ajouter des liens vers vos pages principales dans la navigation.

Navigation Secondaire :

Si vous avez plus de pages, vous pouvez créer une navigation secondaire dans le pied de page ou d'autres zones du site pour aider les visiteurs à accéder rapidement à des sections spécifiques.

Liens Internes et Externes :

Lorsque vous créez des liens vers d'autres pages, assurez-vous qu'ils fonctionnent correctement. Vous pouvez également créer des liens vers des sites externes si nécessaire.

Boutons d'Appel à l'Action :

Utilisez des boutons d'appel à l'action pour encourager les visiteurs à effectuer des actions spécifiques, comme s'inscrire à votre newsletter ou acheter un produit.

Menu Hamburger :

Si vous avez plusieurs pages, envisagez d'utiliser un menu hamburger (icône de trois lignes horizontales) sur les appareils mobiles pour économiser de l'espace.

Cohérence :

Assurez-vous que la navigation est cohérente sur toutes les pages. Les visiteurs devraient pouvoir se déplacer facilement d'une page à l'autre sans confusion.

Prévisualisation :

N'oubliez pas de prévisualiser votre site pour vérifier que la navigation fonctionne correctement et que les liens mènent là où ils devraient.

CHAPITRE DEUX

*Rédiger un Contenu
Captivant sur Wix*

La création d'un contenu captivant est essentielle pour susciter l'intérêt de vos visiteurs et les inciter à rester sur votre site web. Voici un guide complet pour rédiger un contenu efficace sur la plateforme Wix :

Comprendre Votre Public :

Avant de commencer à écrire, identifiez votre public cible. Quels sont leurs besoins, leurs intérêts et leurs préoccupations ? Adaptez votre contenu en fonction de ces informations.

Titres Accrocheurs :

Les titres sont souvent la première chose que les visiteurs voient. Utilisez des titres accrocheurs et clairs pour attirer leur attention et indiquer le sujet du contenu.

Introduction Engageante :

Dans les premières phrases de votre contenu, introduisez le sujet de manière captivante. Posez une question, racontez une anecdote ou présentez un problème que votre contenu résoudra.

Structure Claire :

Divisez votre contenu en sections et utilisez des sous-titres pour rendre la lecture plus facile. Une structure claire permet aux visiteurs de naviguer rapidement vers les parties qui les intéressent.

Contenu Informatif :

Fournissez des informations utiles et pertinentes. Évitez le contenu superficiel et privilégiez les détails qui apportent une réelle valeur ajoutée.

Utilisation d'Images :

Intégrez des images pertinentes pour illustrer vos points et rendre le contenu plus attrayant visuellement.

Écriture Concise :

Évitez les phrases trop longues et les paragraphes denses. Optez pour une écriture concise et claire qui facilite la lecture.

Utilisation de Bullet Points et de Listes :

Utilisez des puces et des listes pour présenter des informations de manière concise et facile à digérer.

Voix et Ton :

Adoptez une voix et un ton qui correspondent à l'identité de votre marque. Que vous optiez pour un ton professionnel, décontracté ou informatif, assurez-vous d'être cohérent.

Appel à l'Action :

À la fin de votre contenu, incluez un appel à l'action qui encourage les visiteurs à prendre des mesures, comme s'inscrire à une newsletter, partager le contenu ou acheter un produit.

Révision et Correction :

Avant de publier, relisez et corrigez votre contenu

pour éliminer les erreurs grammaticales et les fautes d'orthographe.

Test de Lisibilité :

Utilisez des outils de test de lisibilité pour vous assurer que votre contenu est facile à comprendre pour différents niveaux de lecture.

Prévisualisation :

Avant de publier, prévisualisez votre contenu pour voir comment il apparaîtra aux visiteurs.

Blogging avec Wix

La fonction de blog sur la plateforme Wix vous permet de partager des articles, des informations et des idées avec votre public. Voici un guide complet pour démarrer un blog efficace sur Wix :

Ajouter une Page de Blog :

Dans l'éditeur Wix, accédez à la section "Pages" et cliquez sur "Ajouter une Page". Choisissez le type de page "Blog" parmi les options disponibles.

Créer des Articles :

Sur la page du blog, cliquez sur "Ajouter un Article" pour créer un nouvel article. Donnez un titre accrocheur à votre article pour susciter l'intérêt.

Contenu Informatif :

Rédigez un contenu informatif et utile dans chaque article. Choisissez des sujets pertinents pour votre audience et partagez des informations qui résolvent leurs problèmes ou répondent à leurs questions.

Images et Médias :

Intégrez des images, des vidéos et d'autres médias pertinents pour illustrer vos articles et rendre le contenu plus attrayant.

Formatage :

Utilisez des sous-titres, des listes à puces et des paragraphes courts pour faciliter la lecture. Assurez-vous que le contenu est bien organisé et facile à suivre.

Planification Régulière :

Établissez un calendrier de publication régulier pour maintenir l'engagement de votre public. Que ce soit une fois par semaine ou une fois par mois, la cohérence est essentielle.

Interaction avec les Lecteurs :

Encouragez les commentaires et les réactions de vos lecteurs en fin d'article. Répondez aux commentaires pour favoriser l'interaction et le dialogue.

Catégorisation :

Catégorisez vos articles pour aider les visiteurs à trouver facilement les sujets qui les intéressent. Créez des balises pour organiser davantage le contenu.

SEO :

Optimisez vos articles pour les moteurs de recherche en utilisant des mots-clés pertinents, des balises méta et des descriptions attrayantes.

Partage Social :

Intégrez des boutons de partage social pour permettre aux lecteurs de partager facilement vos articles sur les réseaux sociaux.

Newsletter :

Proposez aux visiteurs de s'inscrire à une newsletter pour recevoir vos nouveaux articles par e-mail.

Suivi des Performances :

Utilisez les outils d'analyse de Wix pour suivre les performances de votre blog, y compris le nombre de vues, les commentaires et les interactions.

Promotion :

Partagez vos articles sur vos réseaux sociaux et engagez-vous dans des discussions pertinentes pour attirer davantage de lecteurs.

Ajouter des Applications sur Wix

Les applications sont des outils puissants qui peuvent enrichir les fonctionnalités de votre site web Wix en ajoutant des fonctionnalités spécifiques. Voici un guide complet pour ajouter des applications à votre site :

Accéder à l'App Market :

Dans l'éditeur Wix, cherchez l'onglet "Apps" ou "Applications" dans la barre d'outils ou le panneau latéral. Cela vous mènera à l'App Market, où vous pouvez parcourir les différentes applications disponibles.

Parcourir les Catégories :

Les applications sont regroupées en catégories telles que "E-commerce", "Formulaires", "Réseaux Sociaux", etc. Parcourez les catégories pour trouver des applications qui répondent à vos besoins.

Détails de l'Application :

Cliquez sur une application pour obtenir plus de détails. Lisez la description, consultez les captures d'écran et lisez les avis des utilisateurs pour évaluer si l'application convient à votre site.

Installation de l'Application :

Une fois que vous avez trouvé une application qui vous intéresse, cliquez sur "Ajouter à Site". Suivez les instructions pour installer l'application sur votre site.

Configuration :

Après l'installation, configurez l'application selon vos besoins. Cela peut inclure la personnalisation des paramètres, la connexion à des comptes sociaux, la modification de l'apparence, etc.

Positionnement :

Faites glisser l'application à l'endroit souhaité sur votre page. Assurez-vous qu'elle s'intègre bien avec le reste de votre contenu.

Aperçu :

Prévisualisez votre site pour voir comment l'application apparaît en temps réel et assurez-vous qu'elle fonctionne correctement.

Gestion des Applications :

Dans l'App Market, vous pouvez également gérer vos applications installées, les mettre à jour ou les supprimer si nécessaire.

Applications Populaires :

Recherchez des applications populaires et bien notées pour vous assurer de choisir des outils fiables et efficaces.

Test et Personnalisation :

Testez l'application pour vous assurer qu'elle fonctionne comme prévu. Si nécessaire, personnalisez les paramètres pour l'adapter à votre site.

Suivi des Performances :

Utilisez les outils d'analyse Wix pour suivre les performances des applications et évaluer leur impact sur votre site.

Mise en Place de la Boutique en Ligne sur Wix

La mise en place d'une boutique en ligne sur la plateforme Wix vous permet de vendre vos produits ou services directement depuis votre site web. Voici un guide complet pour configurer efficacement votre boutique en ligne :

Activer la Fonctionnalité E-Commerce :

Dans l'éditeur Wix, accédez à la section "Boutique en Ligne" ou "E-Commerce". Si c'est la première fois que vous configurez une boutique, suivez les instructions pour activer cette fonctionnalité.

Ajouter des Produits :

Cliquez sur "Ajouter un Produit" pour commencer à ajouter vos produits à la boutique. Téléchargez des images de haute qualité, saisissez les détails du produit, tels que le prix, la description et les variantes, si applicable.

Organiser les Catégories :

Si vous proposez différents types de produits, organisez-les en catégories pour faciliter la navigation des acheteurs. Par exemple, vous pouvez avoir des catégories comme "Vêtements", "Accessoires", etc.

Configuration des Paramètres :

Configurez les paramètres de base de votre boutique, tels

que les options de paiement, les frais de livraison, les devises acceptées et les méthodes de livraison.

Design de la Boutique :

Personnalisez l'apparence de votre boutique en choisissant un modèle de boutique en ligne ou en ajustant les couleurs, les polices et les mises en page pour correspondre à votre marque.

Panier et Paiement :

Assurez-vous que le processus de paiement est simple et convivial. Testez le processus d'ajout au panier et de paiement pour vous assurer qu'il fonctionne correctement.

Intégration des Méthodes de Paiement :

Intégrez des méthodes de paiement telles que les cartes de crédit, PayPal et d'autres options populaires pour faciliter les transactions pour vos clients.

Pages de Produits :

Créez des pages de produits attrayantes avec des descriptions détaillées, des images, des avis clients et des options de personnalisation si nécessaires.

SEO pour les Produits :

Optimisez les descriptions des produits pour les moteurs de recherche en utilisant des mots-clés pertinents pour aider les clients à trouver vos produits en ligne.

Essai et Prévisualisation :

Testez le processus d'achat sur votre boutique pour vous assurer que tout fonctionne correctement. Prévisualisez votre boutique pour voir comment elle apparaît aux visiteurs.

Analyse et Suivi :

Utilisez les outils d'analyse de Wix pour suivre les performances de votre boutique, y compris les ventes, les taux de conversion et le comportement des visiteurs.

Conception Réactive sur Wix

La conception réactive est essentielle pour offrir une expérience utilisateur optimale sur une variété d'appareils, des ordinateurs de bureau aux smartphones en passant par les tablettes. Voici un guide complet pour comprendre et mettre en œuvre la conception réactive sur la plateforme Wix :

Qu'est-ce que la Conception Réactive ?

La conception réactive signifie que votre site web s'ajuste automatiquement en fonction de la taille de l'écran de l'appareil utilisé par le visiteur. Cela garantit que le contenu reste lisible et que la navigation reste fluide, quel que soit l'appareil.

Choix d'un Modèle Réactif :

Lorsque vous choisissez un modèle Wix, assurez-vous qu'il est réactif. Les modèles réactifs sont conçus pour s'adapter de manière transparente aux différentes résolutions d'écran.

Mode de Conception Mobile :

Dans l'éditeur Wix, utilisez le mode de conception mobile pour ajuster spécifiquement le contenu pour les utilisateurs mobiles. Assurez-vous que le texte est lisible, les boutons sont cliquables et les images sont bien dimensionnées.

Utilisation des Points de Pause :

Les points de pause sont des points de changement dans

la mise en page où le design s'ajuste en fonction de la résolution de l'écran. Ajoutez et modifiez les points de pause pour optimiser l'apparence sur différents appareils.

Réorganiser les Éléments :

Assurez-vous que les éléments de votre site s'ajustent correctement lorsque la résolution de l'écran change. Réorganisez-les si nécessaire pour une meilleure lisibilité et une mise en page cohérente.

Test de Compatibilité :

Testez votre site sur une variété d'appareils et de navigateurs pour vous assurer que la conception réactive fonctionne correctement.

Images Adaptatives :

Utilisez des images adaptatives qui se chargent en fonction de la résolution de l'écran pour optimiser le temps de chargement et la qualité visuelle.

Texte Lisible :

Assurez-vous que le texte reste lisible sur les petits écrans en utilisant des polices appropriées et en ajustant la taille du texte si nécessaire.

Boutons Cliquables :

Vérifiez que les boutons et les liens sont suffisamment espacés pour permettre un clic facile sur les écrans tactiles.

Prévisualisation :

À chaque étape, prévisualisez votre site sur différents appareils pour vous assurer que la conception réactive fonctionne comme prévu.

Éditeur Mobile sur Wix

L'éditeur mobile de Wix est une fonctionnalité puissante qui vous permet de personnaliser et d'optimiser spécifiquement la version mobile de votre site web. Voici un guide complet pour comprendre et utiliser l'éditeur mobile sur la plateforme Wix :

Accès à l'Éditeur Mobile :

Dans l'éditeur Wix, recherchez l'option "Éditeur Mobile" ou "Version Mobile" pour accéder au mode d'édition dédié aux appareils mobiles.

Aperçu Mobile :

Avant de commencer à éditer, prévisualisez votre site sur un appareil mobile pour voir comment il apparaît et fonctionne actuellement.

Optimisation de la Mise en Page :

Utilisez l'éditeur mobile pour ajuster la mise en page de votre site pour les écrans plus petits. Vous pouvez réorganiser les éléments, masquer certains éléments non essentiels et ajuster les marges et les espacements.

Texte et Polices :

Assurez-vous que le texte est bien lisible sur les écrans mobiles en ajustant la taille de la police et en vérifiant que les contrastes sont adaptés.

Boutons et Liens :

Vérifiez que les boutons et les liens sont suffisamment espacés pour être cliquables sur les écrans tactiles.

Navigation Simplifiée :

Simplifiez la navigation pour les utilisateurs mobiles en regroupant les éléments de menu ou en utilisant un menu déroulant (hamburger menu).

Chargement Rapide :

Utilisez des images optimisées pour le web afin de garantir un temps de chargement rapide, crucial pour les utilisateurs mobiles.

Test de Compatibilité :

Prévisualisez votre site sur une variété d'appareils mobiles pour vous assurer que les modifications apportées dans l'éditeur mobile fonctionnent correctement.

Enregistrement des Modifications :

Une fois que vous êtes satisfait de vos modifications dans l'éditeur mobile, assurez-vous de les enregistrer.

Cohérence avec la Version de Bureau :

Assurez-vous que les modifications apportées dans l'éditeur mobile ne compromettent pas l'apparence et la convivialité de la version de bureau de votre site.

Test Continu :

Les comportements et les besoins des utilisateurs mobiles évoluent. Prenez l'habitude de tester régulièrement votre site sur différents appareils pour garantir une expérience mobile optimale.

Optimisation pour les Moteurs de Recherche (SEO) sur Wix

L'optimisation pour les moteurs de recherche (SEO) est une stratégie essentielle pour améliorer la visibilité de votre site web sur les moteurs de recherche tels que Google. Voici un guide complet pour comprendre et mettre en œuvre le SEO sur la plateforme Wix :

Recherche de Mots-Clés :

Identifiez les mots-clés pertinents pour votre site en utilisant des outils de recherche de mots-clés. Choisissez des mots-clés qui sont recherchés par votre public cible.

Utilisation des Mots-Clés :

Intégrez naturellement les mots-clés pertinents dans vos titres, vos descriptions, vos contenus et vos balises méta. Ne surchargez pas le contenu avec des mots-clés, car cela peut être considéré comme du "bourrage de mots-clés".

Contenu de Qualité :

Créez un contenu de qualité et informatif qui répond aux besoins et aux questions de votre public. Les moteurs de recherche valorisent le contenu utile et engageant.

Titres et Méta-Descriptions :

Utilisez des titres et des méta-descriptions clairs, pertinents et attrayants pour chaque page de votre site. Cela influence le classement dans les résultats de recherche.

URL Conviviales :

Créez des URL conviviales et descriptives pour vos pages. Évitez les URL longues et peu claires.

Images Optimisées :

Utilisez des images optimisées en termes de taille et de format. Ajoutez des balises alt descriptives pour chaque image.

Liens Internes :

Utilisez des liens internes pour relier les différentes pages de votre site. Cela aide à la navigation et à la compréhension de la structure de votre site.

Mobile-Friendly :

Assurez-vous que votre site est réactif et adapté aux appareils mobiles. Les moteurs de recherche privilégient les sites mobiles conviviaux.

Vitesse de Chargement :

Optimisez la vitesse de chargement de votre site en compressant les images, en réduisant les scripts inutiles et en utilisant la mise en cache.

Gestion des Balises :

Utilisez des balises H1, H2, H3 pour structurer votre contenu et hiérarchiser l'information. Cela rend votre contenu plus lisible et compréhensible.

Suivi des Performances :

Utilisez les outils d'analyse de Wix ou d'autres outils SEO pour suivre les performances de votre site, le classement des mots-clés et le trafic organique.

Actualisation Régulière :

Mettez à jour régulièrement votre contenu pour qu'il reste pertinent et actuel. Les moteurs de recherche aiment les sites qui fournissent du contenu frais.

Analytique sur Wix

L'analytique est un élément essentiel pour comprendre la performance de votre site web, identifier les tendances et prendre des décisions informées pour l'améliorer. Voici un guide complet pour comprendre et utiliser les outils d'analytique sur la plateforme Wix :

Intégration de Google Analytics : Wix permet d'intégrer Google Analytics, un outil puissant pour suivre et analyser les données de votre site. Configurez Google Analytics en ajoutant le code de suivi dans les paramètres de votre site.

Suivi des Visiteurs : Les outils d'analytique vous permettent de suivre le nombre de visiteurs uniques, les sessions, le temps passé sur le site et d'autres données démographiques et comportementales.

Pages les Plus Consultées : Découvrez quelles pages de votre site sont les plus populaires, ce qui peut vous aider à mieux comprendre les intérêts de vos visiteurs.

Taux de Rebond : Le taux de rebond indique le pourcentage de visiteurs qui quittent votre site après avoir vu une seule page. Un taux de rebond élevé peut indiquer un problème d'engagement.

Conversion : Suivez les conversions, telles que les inscriptions à la newsletter, les achats ou les soumissions de formulaires. Cela vous aide à évaluer l'efficacité de vos appels à l'action.

Analyse des Sources de Trafic : Identifiez d'où viennent vos visiteurs - recherche organique, réseaux sociaux, liens directs, etc. Cela vous aide à cibler vos efforts marketing.

Analyse des Mots-Clés : Si vous utilisez Google Analytics, suivez les mots-clés qui conduisent les visiteurs sur votre site. Cela peut aider à ajuster votre stratégie de contenu.

Suivi des Événements : Vous pouvez configurer des événements personnalisés pour suivre des actions spécifiques sur votre site, comme les clics sur un bouton d'appel à l'action.

Rapports Réguliers : Consultez régulièrement les rapports d'analytique pour surveiller les performances de votre site. Identifiez les tendances positives et les domaines à améliorer.

Prise de Décision : Utilisez les données analytiques pour prendre des décisions éclairées sur les modifications à apporter à votre site, que ce soit en termes de contenu, de conception ou de stratégie marketing.

CHAPITRE TROIS

Choisir un Nom de Domaine sur Wix

Le choix d'un nom de domaine est une étape cruciale dans la création de votre site web. C'est l'adresse web par laquelle les visiteurs vous trouveront en ligne. Voici un guide complet pour choisir un nom de domaine efficace sur la plateforme Wix :

Pertinence et Représentativité : Votre nom de domaine devrait refléter le contenu, le but ou le thème de votre site. Il doit être en harmonie avec votre marque ou votre sujet.

Simplicité et Facilité de Mémorisation : Optez pour un nom de domaine simple à écrire, à prononcer et à mémoriser. Évitez les orthographes compliquées et les mots longs.

Éviter les Marques Déposées : Assurez-vous que le nom de domaine que vous choisissez ne viole pas les droits de marque déposée d'autres entreprises.

Extension de Domaine : Choisissez une extension de domaine adaptée, comme ".com", ".net", ".org" ou des extensions spécifiques à votre pays. L'extension ".com" est souvent préférée car elle est largement reconnue.

Éviter les Caractères Spéciaux : Évitez d'utiliser des caractères spéciaux ou des tirets dans votre nom de domaine, car cela peut compliquer la saisie et la mémorisation.

Éviter les Noms Longs : Les noms de domaine courts sont généralement plus faciles à retenir et à partager. Évitez les noms de domaine trop longs qui peuvent sembler confus.

Utilisation de Mots-Clés : Intégrer des mots-clés pertinents dans votre nom de domaine peut aider à indiquer la nature de votre site et à améliorer son classement dans les moteurs de recherche.

Recherche Disponible : Vérifiez la disponibilité du nom de domaine que vous souhaitez utiliser. Si le nom que vous voulez est déjà pris, essayez des variations ou envisagez d'utiliser une extension différente.

Branding Personnel : Si vous créez un site personnel, envisagez d'utiliser votre propre nom pour renforcer votre marque personnelle en ligne.

Cohérence avec le Contenu : Assurez-vous que votre nom de domaine correspond au contenu que vous prévoyez de publier sur votre site. Cela renforce la crédibilité et la pertinence.

Prévisualisation : Avant de finaliser, prévisualisez le nom de domaine pour voir comment il apparaît et sonne. Demandez également des avis à des amis ou des collègues.

Connecter un Domaine sur Wix

Connecter un domaine à votre site Wix est une étape importante pour rendre votre site accessible sous votre propre nom de domaine personnalisé. Voici un guide complet pour connecter un domaine à votre site Wix :

Achat d'un Domaine : Si vous n'avez pas encore de domaine, vous pouvez en acheter un auprès de fournisseurs de domaines en ligne. Assurez-vous de choisir un nom de domaine qui reflète votre marque ou votre site.

Accès aux Paramètres de Domaine : Connecter un domaine existant à Wix nécessite l'accès aux paramètres de votre fournisseur de domaine. Vous devrez mettre à jour les enregistrements DNS.

Configuration de DNS : Dans les paramètres de votre domaine, recherchez les enregistrements DNS. Vous devrez modifier les enregistrements "A" ou "CNAME" en fonction des instructions fournies par Wix.

Obtention des Informations de Wix : Dans l'éditeur Wix, accédez à la section "Domaines" ou "Gérer les Domaines". Vous y trouverez les informations spécifiques nécessaires pour la configuration DNS, telles que les adresses IP ou les enregistrements CNAME.

Ajout des Enregistrements DNS : Connectez-vous à votre compte chez le fournisseur de domaine et ajoutez les enregistrements DNS fournis par Wix. Cela peut prendre un certain temps pour que les modifications prennent effet.

Vérification de la Connexion : Après avoir ajouté les enregistrements DNS, revenez à Wix et vérifiez la connexion du domaine. Wix vous informera lorsque la connexion sera réussie.

Paramétrage Final : Une fois que la connexion est réussie, vous pouvez définir ce que vous souhaitez faire avec le domaine - l'utiliser comme domaine principal, comme domaine de redirection, etc.

Temps d'Attente : Il peut y avoir un temps d'attente de quelques heures à 48 heures pour que la connexion du domaine soit complètement opérationnelle.

HTTPS et SSL : Assurez-vous que votre domaine est configuré avec un certificat SSL pour garantir la sécurité de votre site. Wix propose des certificats SSL gratuits.

Test et Prévisualisation : Testez le domaine pour vous assurer qu'il redirige correctement vers votre site Wix. Prévisualisez également votre site pour voir comment il apparaît sous le nouveau domaine.

Hébergement et Sécurité sur Wix

L'hébergement et la sécurité sont des éléments fondamentaux pour assurer le bon fonctionnement et la protection de votre site web sur la plateforme Wix. Voici un guide complet pour comprendre l'hébergement et mettre en place des mesures de sécurité efficaces :

Hébergement sur Wix : Lorsque vous créez un site sur Wix, votre site est automatiquement hébergé sur les serveurs de Wix. Cela signifie que Wix gère l'infrastructure technique nécessaire pour rendre votre site accessible en ligne.

Disponibilité et Performances : Wix garantit une disponibilité élevée de votre site, avec des temps de chargement rapides pour offrir une expérience utilisateur optimale.

Certificat SSL : Wix propose des certificats SSL gratuits pour sécuriser les données échangées entre votre site et les visiteurs. Assurez-vous que votre site utilise HTTPS pour un environnement sécurisé.

Protection contre les Menaces : Wix intègre des mesures de sécurité pour protéger vos données et votre site contre les attaques malveillantes, les logiciels malveillants et autres menaces en ligne.

Mises à Jour Automatiques : Wix gère les mises à jour de sécurité et les correctifs pour maintenir votre site à jour et protégé contre les vulnérabilités connues.

Sauvegardes Régulières : Wix effectue régulièrement des sauvegardes de votre site pour vous permettre de restaurer votre contenu en cas de problème.

Protection des Données : Wix est conforme aux réglementations en matière de protection des données, ce qui garantit que les informations de vos visiteurs sont traitées de manière sécurisée.

Options de Sécurité Avancées : Pour une sécurité renforcée, Wix propose des fonctionnalités avancées telles que la protection par mot de passe pour les pages, le blocage des adresses IP et la gestion des autorisations utilisateur.

Surveillance Continue : Surveillez régulièrement les analyses de sécurité et les rapports fournis par Wix pour vous assurer que votre site est protégé et sécurisé.

Sensibilisation à la Sécurité : Sensibilisez-vous et vos collaborateurs à l'importance des bonnes pratiques de sécurité en ligne, comme l'utilisation de mots de passe forts et la prévention des tentatives de phishing.

Prévisualisation de Votre Site sur Wix

La prévisualisation de votre site sur Wix est une étape essentielle pour vous assurer que tout est conforme à vos attentes avant de le publier en ligne. Voici un guide complet pour comprendre et utiliser la fonction de prévisualisation sur la plateforme Wix :

Avant la Publication : Avant de publier votre site, il est recommandé de le prévisualiser pour vérifier l'apparence, le contenu et les fonctionnalités.

Mode de Prévisualisation : Dans l'éditeur Wix, cherchez l'option "Prévisualiser" ou "Aperçu" pour accéder au mode de prévisualisation de votre site.

Vue en Temps Réel : La prévisualisation vous montre comment votre site apparaîtra en ligne, en temps réel, avec toutes les images, les polices, les couleurs et les interactions.

Navigation Interactive : Testez la navigation en cliquant sur les liens, les boutons et les menus pour vous assurer que tout fonctionne correctement.

Vérification de la Réactivité : Dans la prévisualisation, essayez différents points de rupture pour vérifier que votre site est réactif et s'adapte correctement à différentes tailles d'écran.

Édition en Mode Prévisualisation : Dans certains cas, vous pouvez apporter des modifications mineures à votre site directement dans le mode de prévisualisation, ce qui vous permet de voir les changements en temps réel.

Test de Fonctionnalités : Si vous avez des formulaires, des boutons de réseaux sociaux ou d'autres fonctionnalités interactives, testez-les pour vous assurer qu'ils fonctionnent comme prévu.

Comparaison avec l'Éditeur : Comparez le site en prévisualisation avec l'éditeur pour vous assurer que les modifications que vous avez apportées ont été correctement appliquées.

Partage d'Opinions : Avant de publier, partagez la prévisualisation avec des amis, des collègues ou des membres de votre équipe pour obtenir des avis et des retours.

Retouches Finale : Si vous trouvez des éléments à corriger ou à améliorer, retournez à l'éditeur pour effectuer les modifications nécessaires.

Prévisualisation Mobile : Utilisez également la prévisualisation pour voir comment votre site apparaît sur les appareils mobiles et tablettes.

Mettre en Ligne Votre Site sur Wix

Mettre en ligne votre site sur Wix signifie le rendre accessible au public sur Internet. C'est le moment où votre site devient officiellement visible et visitable par les utilisateurs. Voici un guide complet pour comprendre et effectuer la mise en ligne de votre site sur la plateforme Wix :

Vérification Finale : Avant de mettre en ligne, assurez-vous d'avoir effectué toutes les modifications et vérifications nécessaires dans l'éditeur Wix.

Prévisualisation : Utilisez la fonction de prévisualisation pour vous assurer que votre site est prêt et qu'il a l'apparence souhaitée.

Connexion du Domaine : Si vous avez un domaine personnalisé, assurez-vous qu'il est correctement connecté à votre site Wix avant de passer en direct.

Choix de l'Option de Publication : Dans l'éditeur Wix, recherchez l'option "Mettre en Ligne" ou "Publier" pour lancer le processus de mise en ligne.

Confirmation de Publication : Wix peut vous demander de confirmer votre intention de mettre votre site en ligne. Assurez-vous d'être prêt avant de confirmer.

Temps de Chargement : Après avoir confirmé la publication, votre site peut nécessiter un court temps de chargement avant d'être pleinement opérationnel.

Vérification de la Mise en Ligne : Une fois en ligne, accédez à votre domaine pour vérifier que tout fonctionne correctement. Assurez-vous que les liens, les images et les fonctionnalités sont opérationnels.

Test Complet : Parcourez toutes les pages de votre site et testez toutes les fonctionnalités pour vous assurer qu'elles fonctionnent sans problème.

Suivi des Performances : Utilisez les outils d'analyse de Wix ou d'autres services pour suivre les performances de votre site une fois en ligne.

Annonce de la Mise en Ligne : Si votre site est destiné à un public spécifique, annoncez sa mise en ligne via les médias sociaux, les e-mails ou d'autres canaux pertinents.

Actualisation Continue : Une fois en ligne, continuez à mettre à jour et à améliorer votre site pour maintenir son attrait et sa pertinence.

Problèmes Courants sur Wix

Lors de la création et de la gestion d'un site sur Wix, il est possible de rencontrer certains problèmes ou défis. Voici un aperçu complet des problèmes courants et des solutions possibles sur la plateforme Wix :

Problèmes de Mise en Page : Parfois, les éléments de votre site peuvent se déplacer ou se comporter de manière inattendue dans l'éditeur. Assurez-vous que les éléments sont correctement alignés et ancrés.

Problèmes de Chargement Lent : Des images non optimisées ou des scripts lourds peuvent ralentir le temps de chargement de votre site. Utilisez des images compressées et minimisez les scripts pour améliorer la vitesse.

Problèmes de Réactivité : Si votre site ne s'adapte pas correctement aux écrans de différentes tailles, vérifiez les points de pause et ajustez les éléments en conséquence.

Problèmes de Domaine : Les problèmes de connexion de domaine peuvent empêcher votre site d'être accessible sous le bon nom. Vérifiez les enregistrements DNS et assurez-vous que la connexion est correcte.

Problèmes d'Éléments Manquants : Si des éléments tels que des images ou des vidéos ne s'affichent pas correctement, vérifiez les liens et les chemins d'accès.

Problèmes de Navigation : Assurez-vous que la navigation de votre site est intuitive et que les menus et les boutons de lien fonctionnent correctement.

Problèmes de Police et de Texte : Des problèmes de polices peuvent survenir si la police sélectionnée n'est pas prise en charge ou si les tailles de police ne sont pas ajustées correctement.

Problèmes de Couleurs : Vérifiez que les couleurs utilisées sur votre site sont cohérentes et accessibles. Les contrastes doivent être suffisamment visibles.

Problèmes de Formulaire : Si vos formulaires ne fonctionnent pas correctement, vérifiez les champs requis, les options de validation et les paramètres de traitement des soumissions.

Problèmes de Sauvegarde : Assurez-vous de sauvegarder régulièrement votre travail dans l'éditeur pour éviter de perdre des modifications importantes.

Problèmes de Sécurité : Soyez vigilant en matière de sécurité en utilisant des mots de passe forts, en évitant les liens suspects et en gardant votre site à jour.

Problèmes de Compatibilité : Assurez-vous que votre site fonctionne correctement sur différents navigateurs et appareils pour offrir une expérience cohérente.

Centre d'Aide Wix

Le Centre d'Aide Wix est une ressource précieuse conçue pour fournir aux utilisateurs toutes les informations nécessaires pour créer, personnaliser et gérer leur site sur la plateforme Wix. Voici un aperçu complet du Centre d'Aide Wix et de la manière dont il peut vous assister dans votre parcours de création de site :

Ressources Complètes : Le Centre d'Aide Wix regroupe une vaste gamme de ressources, de guides et de tutoriels qui couvrent chaque étape du processus de création de site web.

Navigation Facile : La structure organisée du Centre d'Aide facilite la navigation et la recherche de réponses à vos questions spécifiques.

Guides Pas-à-Pas : Vous trouverez des guides détaillés et étape par étape pour accomplir des tâches spécifiques, que ce soit la création d'une page, l'ajout d'éléments ou la configuration de fonctionnalités avancées.

Réponses aux Questions Courantes : Le Centre d'Aide aborde fréquemment les questions courantes des utilisateurs, vous permettant de trouver rapidement des solutions à vos préoccupations.

Mises à Jour et Nouvelles Fonctionnalités : Restez au courant des dernières mises à jour de Wix et des nouvelles fonctionnalités grâce aux articles publiés dans le Centre d'Aide.

Résolution de Problèmes : Si vous rencontrez des problèmes techniques ou des défis, le Centre d'Aide offre des conseils de dépannage et des solutions pour résoudre ces problèmes.

Supports Multi-Formats : Le Centre d'Aide propose des articles, des vidéos, des images et des explications claires pour s'adapter à différents styles d'apprentissage.

Communauté Active : En plus des ressources fournies par Wix, la communauté Wix est également une source de conseils et d'aide, offrant des réponses basées sur l'expérience des utilisateurs.

Langues Multiples : Le Centre d'Aide est disponible dans plusieurs langues, ce qui facilite l'accès aux informations pour les utilisateurs du monde entier.

Accessibilité 24/7 : Le Centre d'Aide est accessible en ligne à tout moment, vous permettant de trouver des réponses à vos questions à votre propre rythme.

CONCLUSION

Embarquez dès maintenant pour un voyage créatif avec Wix. Votre site web est bien plus qu'une simple présence en ligne, c'est l'expression de votre individualité dans le monde numérique. Avec Wix, la puissance de la conception est entre vos mains, et les opportunités sont aussi vastes que votre imagination. Lancez-vous et créez un site qui captivera, inspirera et laissera une empreinte durable. Votre aventure digitale commence ici, avec Wix.

www.ingramcontent.com/pod-product-compliance
Lightning Source LLC
Chambersburg PA
CBHW060847260726
48661CB00002B/662